школа - escola	2
путовање - viagem	5
транспорт - transporte	8
град - cidade	10
пејсаж - paisagem	14
ресторан - restaurante	17
супермаркет - supermercado	20
напитци - bebidas	22
јело - comida	23
сеоско газдинство - quinta	27
кућа - casa	31
дневна соба - sala de estar	33
кухиња - cozinha	35
купаоница - casa de banho	38
дечија соба - quarto de criança	42
одећа - vestuário	44
канцеларија - escritório	49
економија - agricultura	51
занимања - profissões	53
алати - ferramentas	56
музички инструмент - instrumentos musicais	57
зоолошки врт - jardim zoológico	59
спорт - desporto	62
активности - atividades	63
породица - família	67
тело - corpo	68
болница - hospital	72
хитни случај - emergência	76
земља - terra	77
сат - relógio	79
седмица - semana	80
година - ano	81
облици - formas	83
боје - cores	84
супротности - opostos	85
бројеви - números	88
језици - idiomas	90
ко / шта / како - quem / o quê / como	91
где - onde	92

Impressum
Verlag: BABADADA GmbH, Nedderfeld 112 , 22529 Hamburg
Geschäftsführer / Verlagsleitung: Harald Hof
Druck: Books on Demand GmbH, In de Tarpen 42, 22848 Norderstedt

Imprint
Publisher: BABADADA GmbH, Nedderfeld 112 , 22529 Hamburg, Germany
Managing Director / Publishing direction: Harald Hof
Print: Books on Demand GmbH, In de Tarpen 42, 22848 Norderstedt, Germany

школа

escola

учиона / sala de aulas

делити / dividir

186/2

плоча / quadro

школско двориште / pátio da escola

наставник / professor

папир / papel

писати / escrever

хемијска оловка / caneta

писаћи сто / secretária

лењир / régua

књига / livro

ученик / aluno

торба

mochila

перница

estojo de lápis

графитна оловка

lápis

шиљило за оловке

afia-lápis

гумица за брисање

borracha

блок за цртање

bloco de desenho

цртеж

desenho

кист

pincel

кутија са бојама

caixa de tintas

маказе

tesoura

лепило

cola

бележница

livro de exercícios

домаћи задатак

trabalhos de casa

број

número

сабирати

somar

одузимати

subtrair

множити

multiplicar

рачунати

calcular

слово

letra

абецеда

alfabeto

реч

palavra

текст

texto

читати

ler

креда

giz

час

hora

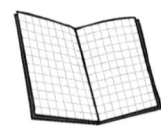

дневник

registo de presenças

испит

exame

сведочанство

certificado

школска униформа

uniforme escolar

образовање

educação

лексикон

enciclopédia

универзитет

universidade

микроскоп

microscópio

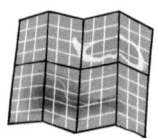

карта

mapa

кошара за папир

cesto de lixo

путовање
viagem

хотел
hotel
Grand
преноћиште
hostel
ROOMS
мењачница
casa de câmbio
EXCHANGE
кофер
mala
ауто
carro

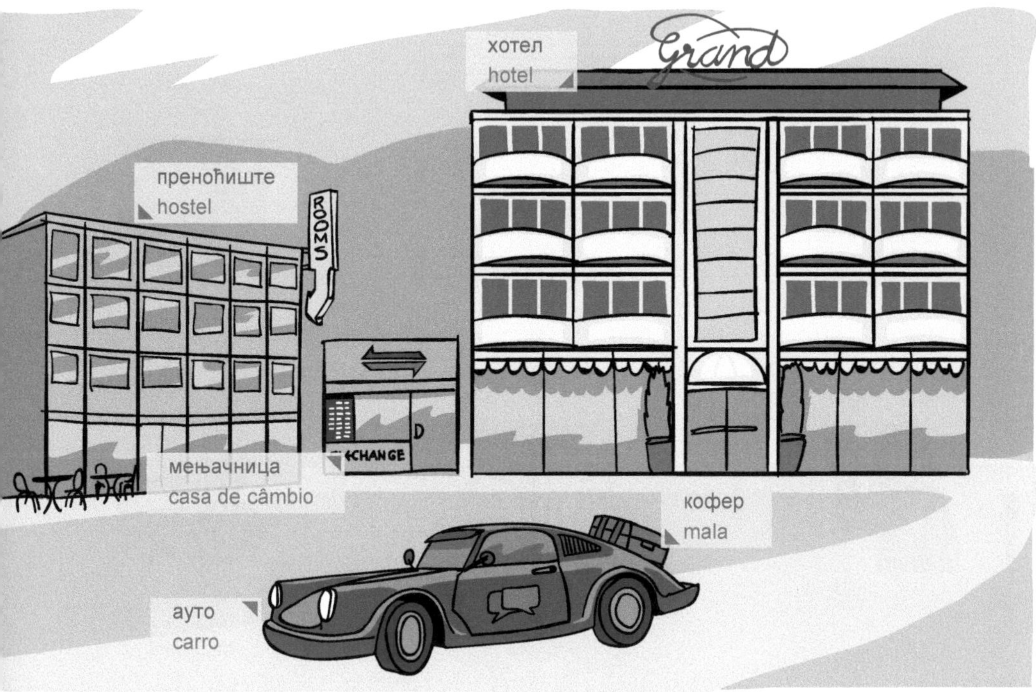

језик

idioma

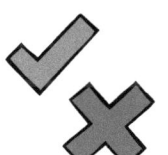

да / не

sim / não

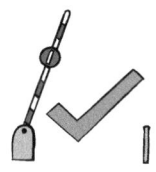

океј

ok / certo / correto

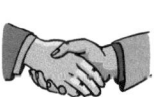

здраво

olá

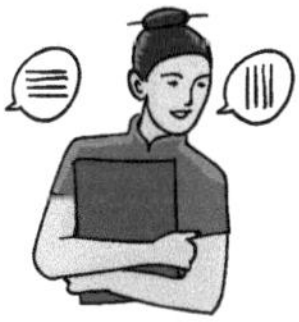

преводилац

intérprete

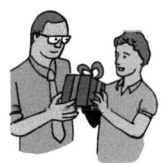

хвала

obrigado

Колико кошта...?

quanto é que custa... ?

не разумем

não entendo

проблем

problema

добро вече!

boa noite!

Добро јутро!

Bom dia!

Лаку ноћ!

Boa noite!

довиђења

adeus

смер

direção

пртљага

bagagem

торба

saco

руксак

mochila

гост

convidado

соба

quarto

врећа за спавање

saco-cama

шатор

tenda

туристичке информације

informação turística

плажа

praia

кредитна картица

cartão de crédito

доручак

pequeno-almoço

ручак

almoço

вечера

jantar

карта за вожњу

bilhete

лифт

elevador

поштанска маркица

selo postal

граница

fronteira

царина

alfândega

амбасада

embaixada

виза

visto

пасош

passaporte

транспорт
transporte

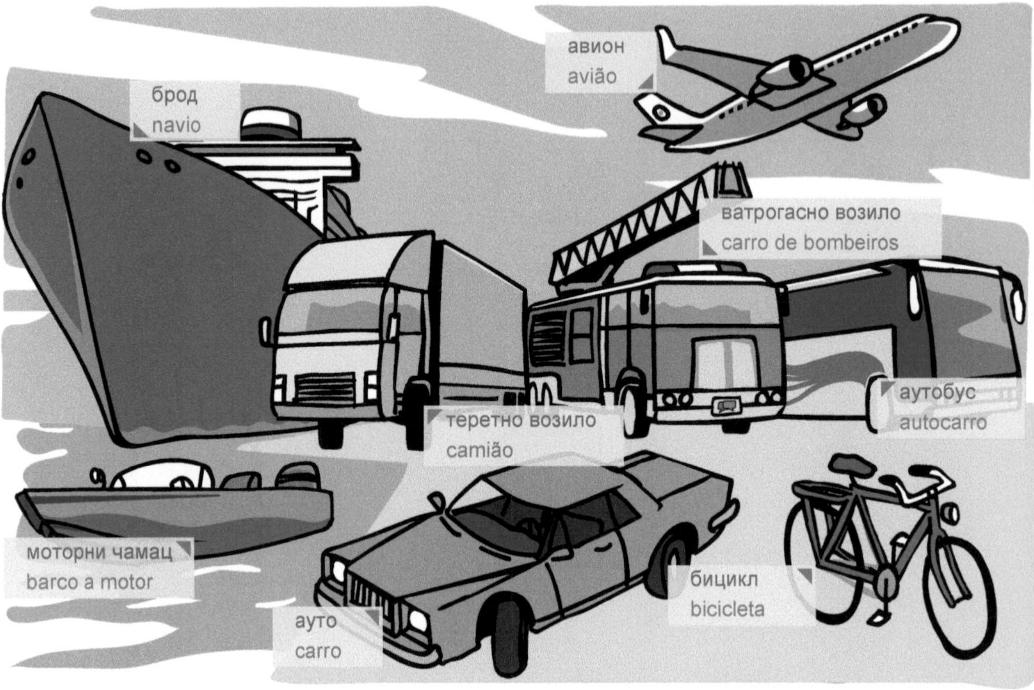
авион
avião
брод
navio
ватрогасно возило
carro de bombeiros
аутобус
autocarro
теретно возило
camião
моторни чамац
barco a motor
бицикл
bicicleta
ауто
carro

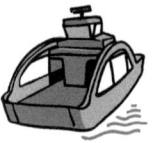

трајект
cacilheiro

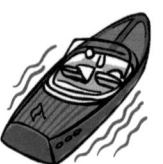

чамац
barco

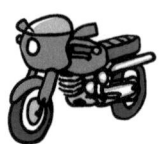

мотоцикл
mota

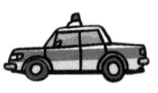

полицијски ауто
carro de polícia

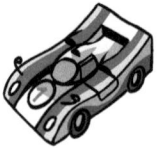

тркаћи ауто
carro de corrida

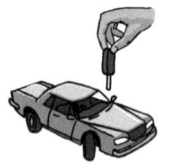

изнајмљено ауто
carro alugado

делење аутомобила

carsharing

вучно возило

camião de reboque

возило за одвоз смећа

camião do lixo

мотор

motor

бензин

combustível

бензинска станица

estação de serviço

саобраћајни знак

sinal de trânsito

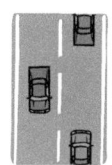

саобраћај

trânsito

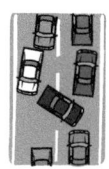

застој

congestionamento de trânsito

паркиралиште

parque de estacionamento

железничка станица

estação ferroviária

шине

carris

воз

comboio

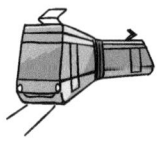

трамвај

elétrico

вагон

carruagem

хеликоптер

helicóptero

аеродром

aeroporto

кула

torre

путник

passageiro

контејнер

contentor

картон

caixa de papelão

колица

carrinho

корпа

cesto

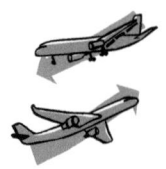

узлетети / слетети

levantar voo / aterrar

град

cidade

село

aldeia

центар града

centro da cidade

кућа

casa

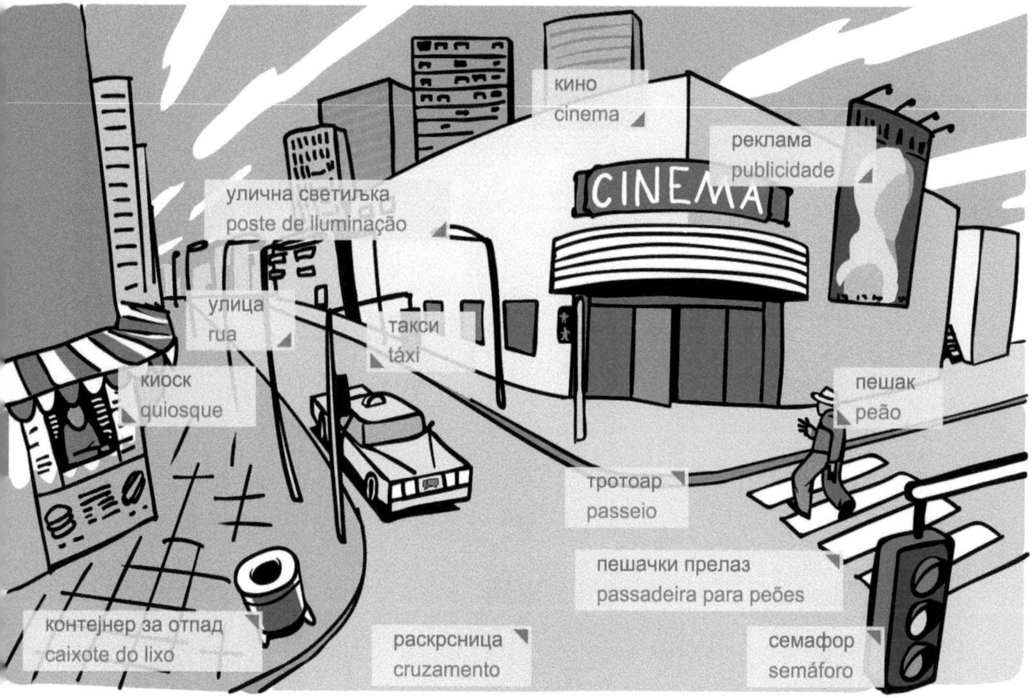

CINEMA
кино
cinema
реклама
publicidade
улична светиљка
poste de iluminação
улица
rua
такси
táxi
киоск
quiosque
пешак
peão
тротоар
passeio
пешачки прелаз
passadeira para peões
контејнер за отпад
caixote do lixo
раскрсница
cruzamento
семафор
semáforo

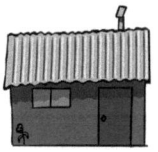

колиба

cabana

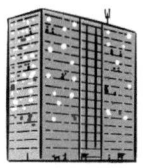

стан

apartamento

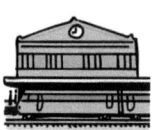

железничка станица

estação ferroviária

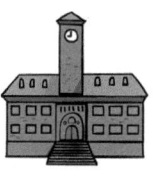

већница

câmara municipal

MUSEUM

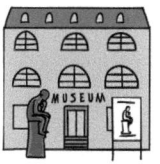

музеј

museu

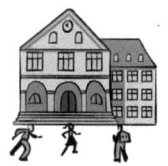

школа

escola

универзитет

universidade

банка

banco

болница

hospital

хотел

hotel

апотека

farmácia

канцеларија

escritório

књижара

livraria

продавница

loja

цвећара

florista

супермаркет

supermercado

трг

mercado

робна кућа

loja de departamentos

рибарница

peixaria

трговачки центар

centro comercial

лука

porto

парк
parque

клупа
banco

мост
ponte

степенице
escadas

подземна железница
metro

тунел
túnel

аутобуска станица
paragem de autocarro

бар
bar

ресторан
restaurante

поштанско сандуче
caixa de correio

улични знак
sinal de trânsito

паркирни аутомат
parquímetro

зоолошки врт
jardim zoológico

базен
piscina

џамија
mesquita

сеоско газдинство

quinta

загађење околине

poluição

гробље

cemitério

црква

igreja

игралиште

parque infantil

храм

templo

пејсаж

paisagem

лист
folha

путоказ
placa de sinalização

пут
caminho

ливада
prado

камен
pedra

шетач
caminhantes

дрво
árvore

река
rio

трава
relva

цвет
flor

долина

vale

планина

montanha

језеро

lago

шума

floresta

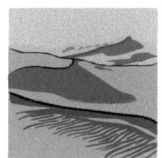

пустиња

deserto

вулкан

vulcão

дворац

castelo

дуга

arco-íris

гљива

cogumelo

палма

palma

москито

mosquito

мува

mosca

мрав

formiga

пчела

abelha

паук

aranha

буба

besouro

жаба

sapo

веверица

esquilo

јеж

ouriço

зец

lebre

сова

coruja

птица

pássaro

лабуд

cisne

дивља свиња

javali

јелен

veado

лос

alce

насип

barragem

ветрењача

turbina eólica

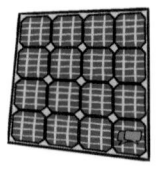

соларна плоча

painel solar

клима

clima

пејсаж - paisagem

ресторан
restaurante

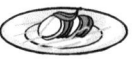

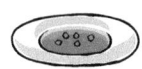

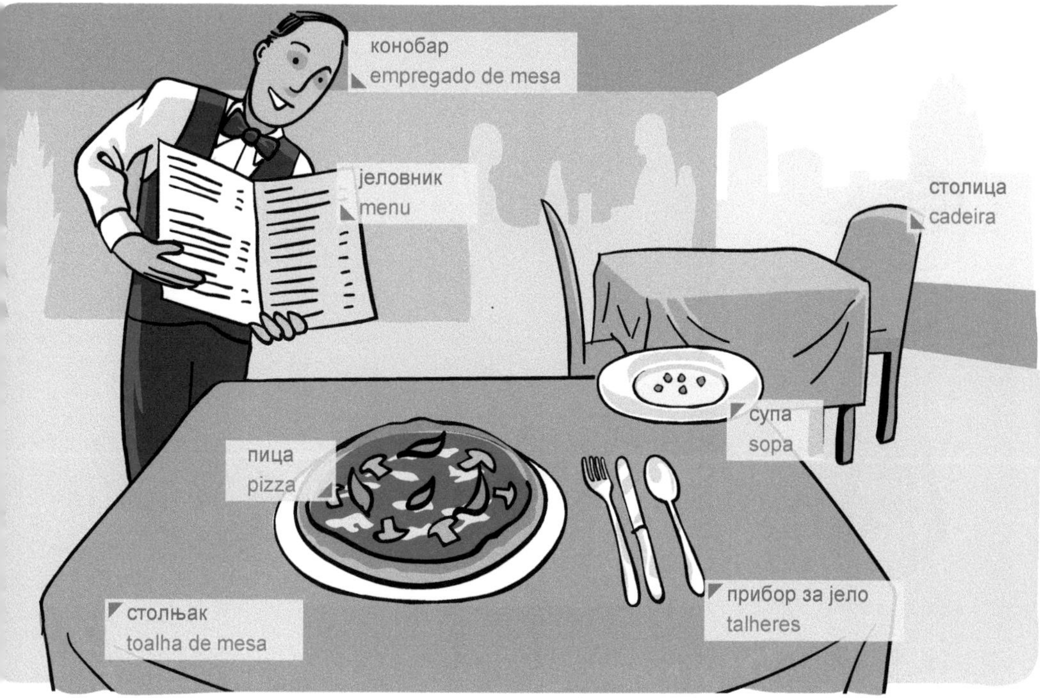

конобар
empregado de mesa
јеловник
menu
столица
cadeira
супа
sopa
пица
pizza
прибор за јело
talheres
столњак
toalha de mesa

предјело
entrada

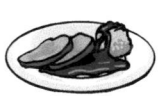

главно јело
prato principal

десерт
sobremesa

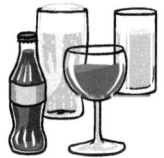

напитци
bebidas

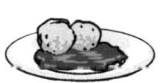

јело
comida

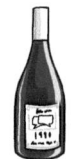

флаша
garrafa

брза храна

fast food

имбис храна

comida de rua

чајник

bule de chá

доза за шећер

açucareiro

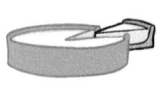

порција

porção

апарат за еспресо

máquina de café expresso

висока столица

cadeira alta

рачун

conta

послужавник

bandeja

нож

faca

виљушка

garfo

кашика

colher

чајна кашика

colher de chá

салвета

guardanapo

чаша

copo

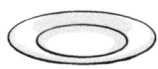

тањир

prato

тањир за супу

prato de sopa

тањирић

pires

сос

molho

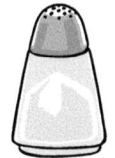

сољенка

saleiro

млин за бибер

moinho de pimenta

сирће

vinagre

уље

óleo

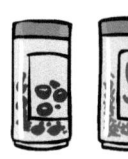

зачини

especiarias

кечап

ketchup

сенф

mostarda

мајонеза

maionese

супермаркет

supermercado

понуда
oferta especial
FOR
купац
cliente
млечни производи
laticínios
воће
fruta
колица за куповину
carrinho de compras

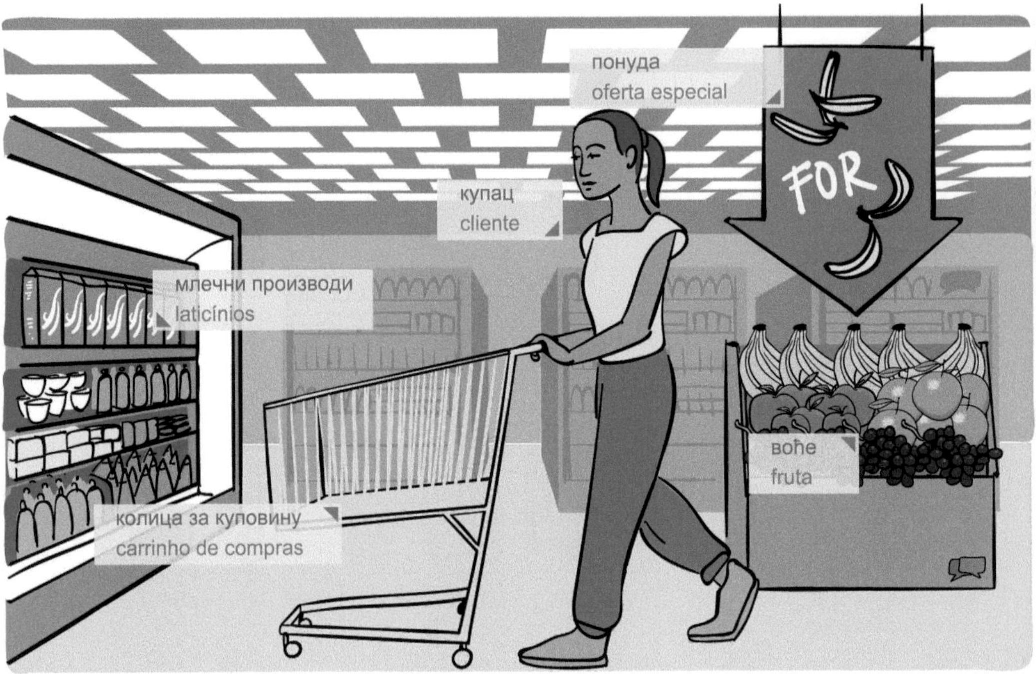

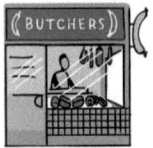

BUTCHERS

месница
talho

BAKERY

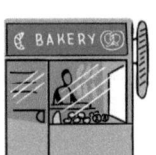

пекара
padaria

вагати
pesar

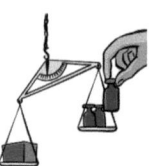

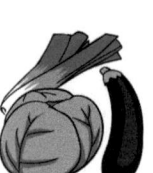

поврће
vegetais

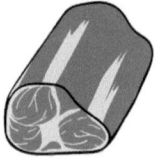

месо
carne

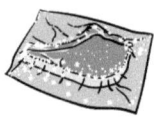

смрзнута храна
alimentos congelados

нарезак

charcutaria

конзерве

comida enlatada

средство за прање

detergente em pó

слаткиши

doces

артикли за домаћинство

artigos domésticos

средства за чишћење

produtos de limpeza

продавачица

vendedora

благајна

caixa

благајник

caixa

листа за куповину

lista de compras

време рада

horário de funcionamento

новчаник

carteira

кредитна картица

cartão de crédito

торба

saco

пластична кеса

saco de plástico

bebidas

вода

água

сок

sumo

млеко

leite

кола

coca-cola

вино

vinho

пиво

cerveja

алкохол

álcool

какао

cacau

чај

chá

кава

café

еспресо

café expresso

капучино

capuccino

банана

banana

jабука

maçã

наранџа

laranja

лубеница

melão

лимун

limão

шаргарепа

cenoura

бели лук

alho

бамбус

bambu

лук

cebola

гљива

cogumelo

орашасти плодови

nozes

резанци

talharim

шпагете

esparguete

рижа

arroz

салата

salada

помфрит

batatas fritas

печени крумпир

batatas fritas

пица

pizza

хамбургер

hambúrguer

сендвич

sanduíche

шницла

bife panado

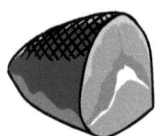

шунка

fiambre

салама

salame

кобасица

salsicha

кокош

galinha

печење

assado

риба

peixe

зобене пахуљице

flocos de aveia

мусли

muesli

кукурузне пахуљице

flocos de milho

брашно

farinha

кроасан

croissant

пециво

carcaça (pãozinho)

хлеб

pão

тоаст

torrada

кекси

biscoitos

маслац

manteiga

свежи сир

requeijão

колач

bolo

jaje

ovo

jaje на око

ovo estrelado

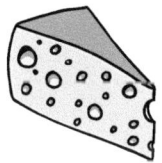

сир

queijo

сладолед

gelado

шећер

açúcar

мед

mel

мармелада

compota

нугат крема

creme de nougat

кари

caril

сеоско газдинство

quinta

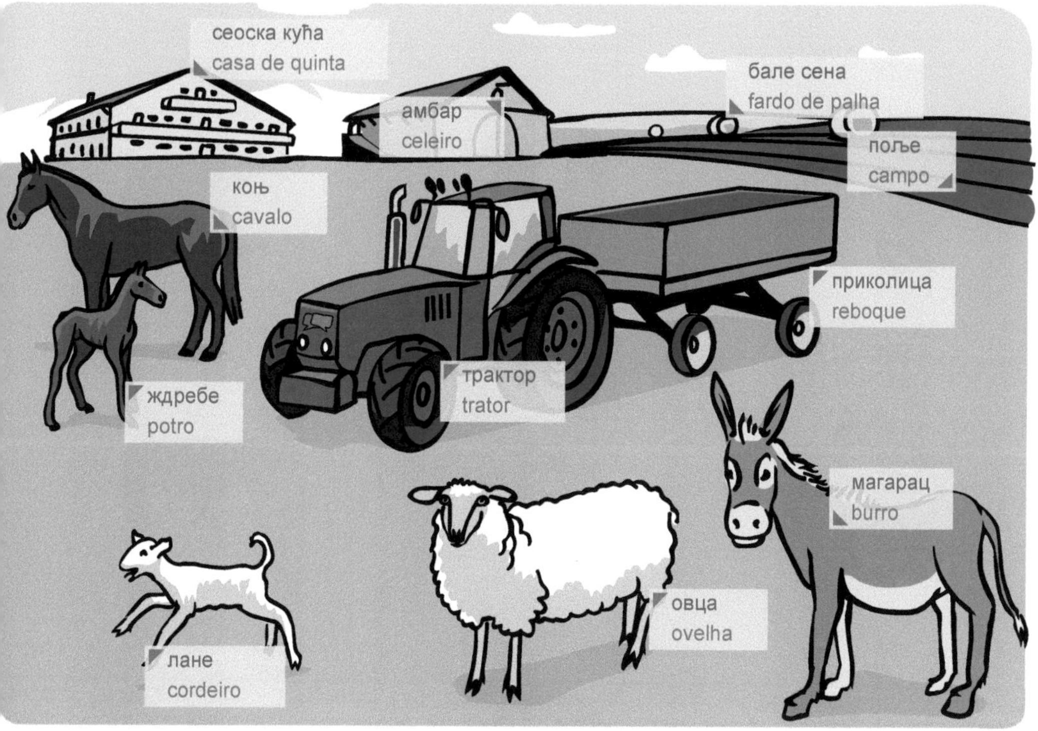

сеоска кућа
casa de quinta
амбар
celeiro
бале сена
fardo de palha
поље
campo
коњ
cavalo
приколица
reboque
трактор
trator
ждребе
potro
магарац
burro
овца
ovelha
лане
cordeiro

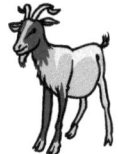

коза
cabra

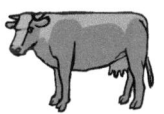

крава
vaca

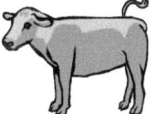

теле
bezerro

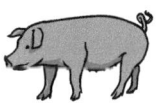

свиња
porco

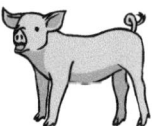

прасе
leitão

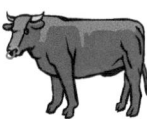

бик
touro

гуска

ganso

патка

pato

пилићи

pintaínho

кокош

galinha

петао

galo

пацов

ratazana

мачка

gato

миш

rato

во̄л

boi

пас

cão

кућица за пса

casota

вртно црево

mangueira de jardim

канта за поливање

regador

коса

foice

плуг

arado

срп

foice

мотика

enxada

виљушка за ђубриво

forquilha

секира

machado

тачке

carrinho de mão

корито

manjedoura

посуда за млеко

jarro de leite

врећа

saco

ограда

cerca

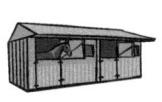

штала

estábulo

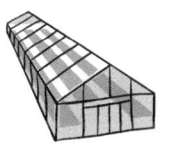

стакленик

estufa

земља

solo

семе

semente

ђубриво

fertilizante

комбајн

ceifeira-debulhadora

жети

colher

жетва

colheita

јамс зачин

inhame

пшеница

trigo

соја

soja

крумпир

batata

кукуруз

milho

уљана репица

colza

воћка

árvore de fruto

гомољ манионе

mandioca

житарице

cereais

кућа
casa

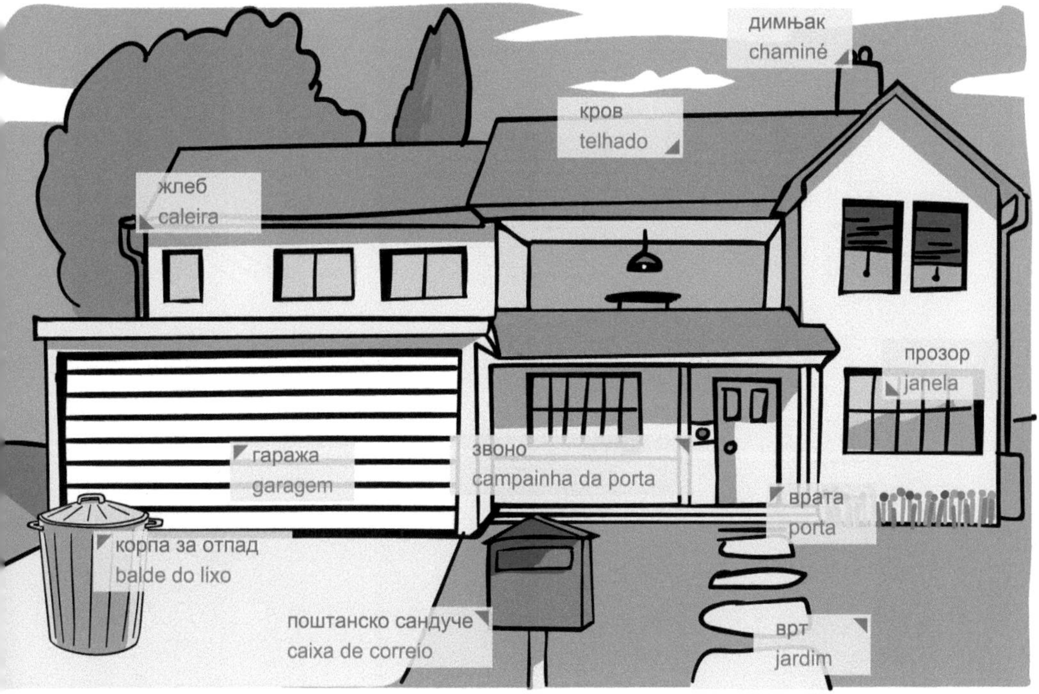

димњак
chaminé
кров
telhado
жлеб
caleira
прозор
janela
гаража
garagem
звоно
campainha da porta
врата
porta
корпа за отпад
balde do lixo
поштанско сандуче
caixa de correio
врт
jardim

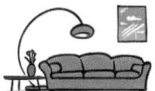

дневна соба

sala de estar

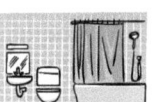

купаоница

casa de banho

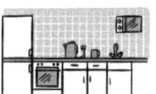

кухиња

cozinha

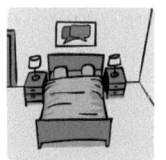

спаваћа соба

quarto de dormir

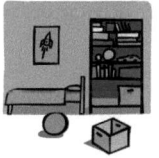

дечија соба

quarto de criança

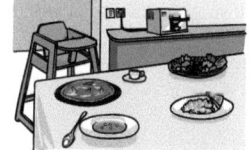

трпезарија

sala de jantar

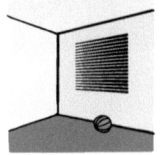

под

chão

зид

parede

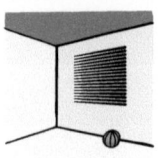

строп

teto

подрум

cave

сауна

sauna

балкон

varanda

тераса

terraço

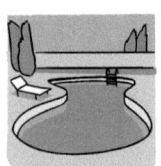

базен

piscina

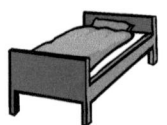

косилица за траву

máquina de cortar relvado

постељина за кревет

lençol

дека за кревет

cobertor

кревет

cama

метла

vassoura

канта

balde

прекидач

interruptor

дневна соба
sala de estar

тапета
papel de parede
слика
imagem
светиљка
lâmpada
регал
prateleira
ормар
armário
телевизија
televisão
камин
lareira
цвет
flor
јастук
almofada
кауч
sofá
ваза
vaso
даљински управљач
controlo remoto

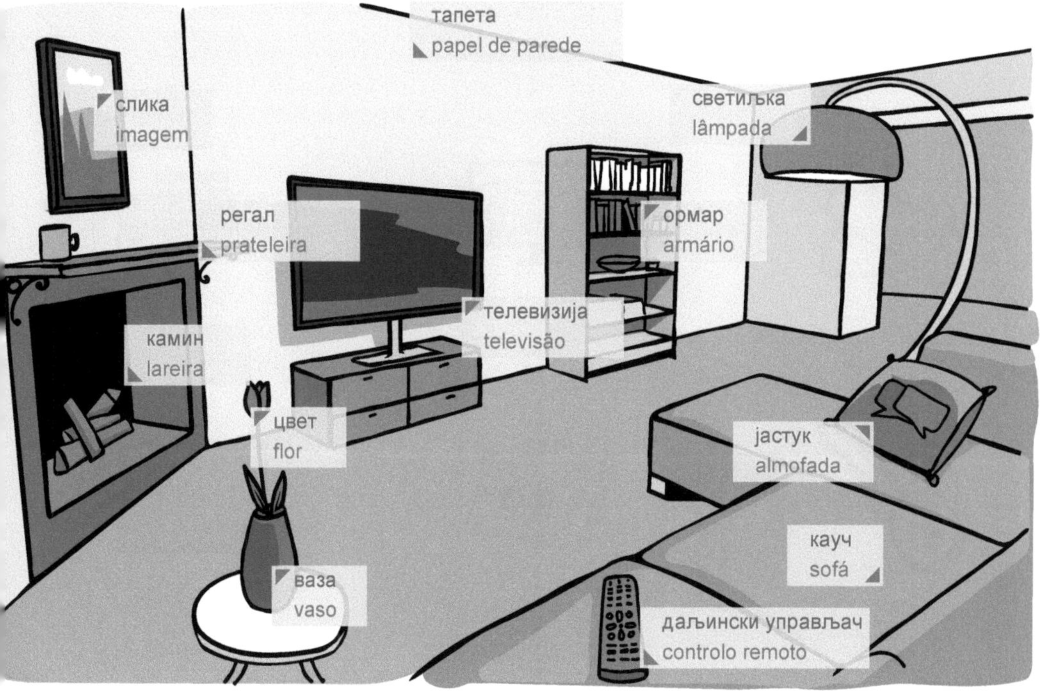

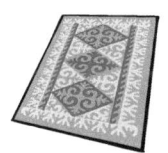

тепих

tapete

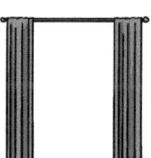

завеса

cortina

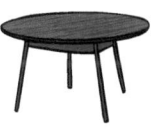

сто

mesa

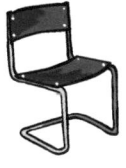

столица

cadeira

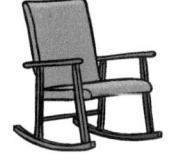

столица за љихање

cadeira de baloiço

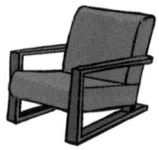

фотеља

poltrona

књига

livro

дека

cobertor

декорација

decoração

дрво за огрев

lenha

филм

filme

хи-фи уређај

sistema estéreo

кључ

chave

новине

jornal

слика на платну

pintura

постер

póster

радио

rádio

блок за писање

bloco de notas

усисивач

aspirador

кактус

cato

свећа

vela

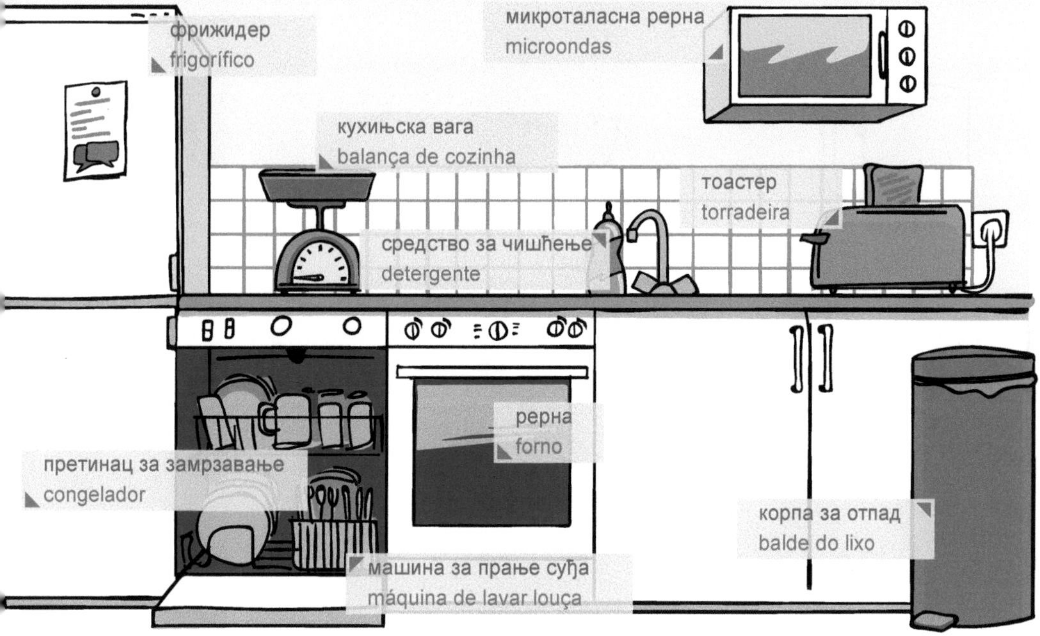

фрижидер
frigorífico

микроталасна рерна
microondas

кухињска вага
balança de cozinha

средство за чишћење
detergente

тоастер
torradeira

претинац за замрзавање
congelador

рерна
forno

корпа за отпад
balde do lixo

машина за прање суђа
máquina de lavar louça

шпорет

fogão

лонац

panela

гвоздени лонац

panela de ferro

вок / кадаи

wok / kadai

тава

frigideira

кувало за воду

chaleira

кувало на пару

panela a vapor

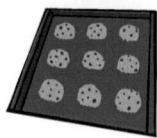

лим за печење

tabuleiro de forno

посуђе

louça

чаша

caneca

посуда

tigela

штапићи за јело

pauzinhos

кутлача

concha de sopa

лопатица

espátula

пењача

batedor de claras

сито за кување

escorredor

сито

peneira

рибеж

ralador

мужар

almofariz

роштиљ

churrasqueira

огњиште

lareira

даска

tábua de cortar

оклагија

rolo da massa

вадичеп

saca-rolhas

конзерва

lata

отварач конзерви

abridor de latas

крпа за лонац

luvas de forno

судопер

lava-loiça

четка

escova

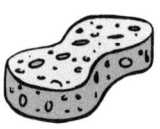

сунђер

esponja

миксер

liquidificador

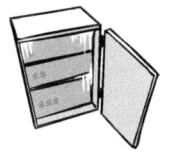

замрзивач

arca frigorífica

флашица за бебе

biberão

славина за воду

torneira

купаоница
casa de banho

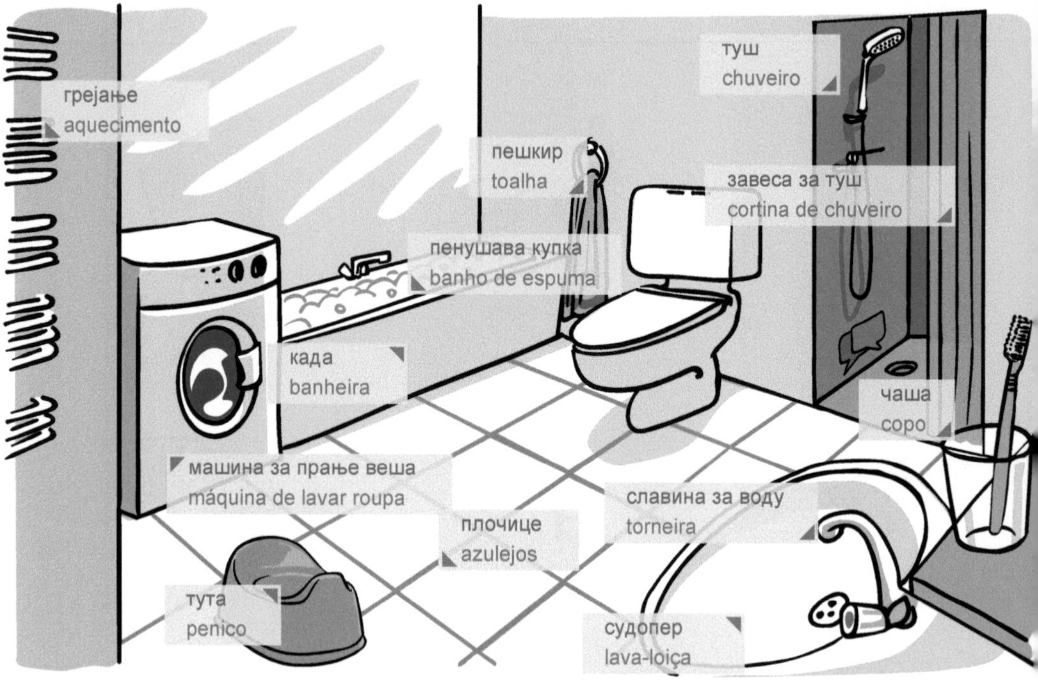

грејање
aquecimento
туш
chuveiro
пешкир
toalha
завеса за туш
cortina de chuveiro
пенушава купка
banho de espuma
када
banheira
чаша
copo
машина за прање веша
máquina de lavar roupa
славина за воду
torneira
плочице
azulejos
тута
penico
судопер
lava-loiça

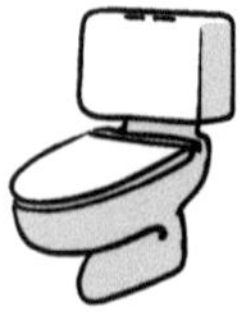

тоалет

sanita

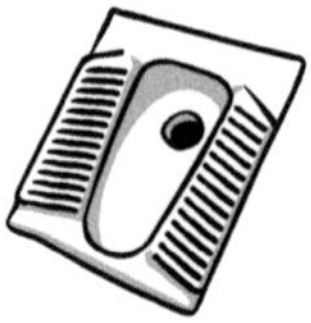

чучавац

retrete turca

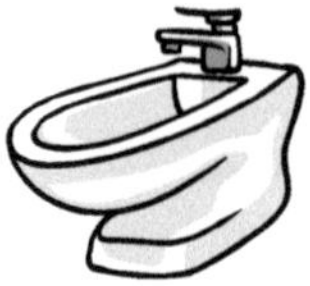

бидет

bidé

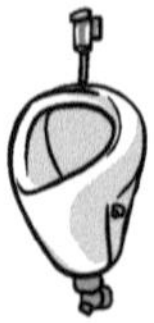

писоар

urinol

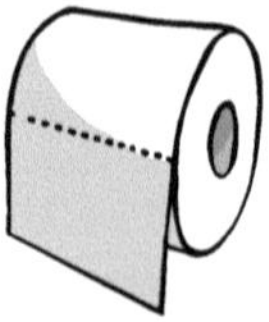

тоалетни папир

papel higiénico

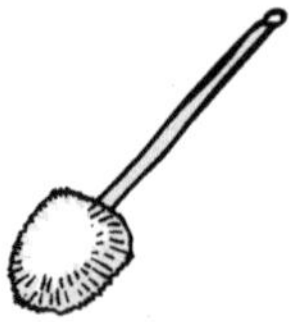

четка за тоалет

piaçaba

четкица за зубе

escova de dentes

паста за зубе

pasta de dentes

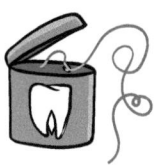

конац за зубе

fio dentário

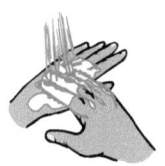

прати

lavar

туш ручица

chuveiro de mão

туш за прање интимних делова

duche íntimo

лавор

bacia

четка за прање леђа

escova para as costas

сапун

sabonete

гел за туширање

gel de banho

шампон

champô

крпа за прање

toalha de rosto

одвод

escoamento

крема

creme

дезодоранс

desodorizante

огледало

espelho

козметичко огледало

espelho de mão

бријач

máquina de barbear

пена за бријање

creme de barbear

лосион за после бријања

loção pós-barba

чешаљ

pente

четка

escova

фен за косу

secador de cabelo

спреј за косу

spray de cabelo

шминка

maquilhagem

руж за усне

batom

лак за нокте

verniz de unhas

вата

algodão

маказе за нокте

tesoura para unhas

парфем

perfume

козметичка торбица

nécessaire

столица

tamborete

вага

balança

огртач

roupão de banho

рукавице за чишћење

luvas de borracha

тампон

tampão

уложак

penso higiénico

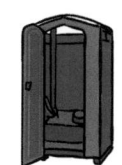

хемијски тоалет

WC químico

дечија соба

quarto de criança

будилник
despertador
плишана играчка
peluche
ауто играчка
carro de brincar
звечка
chocalho
кућица за лутке
casa de bonecas
поклон
presente

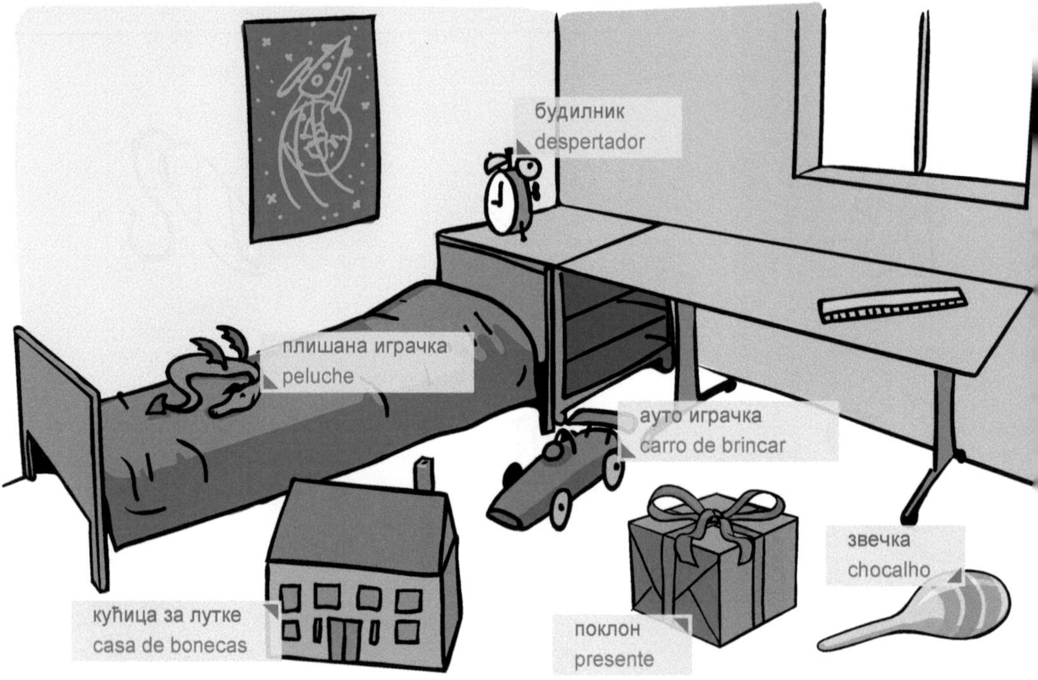

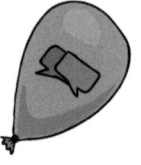

балон

balão

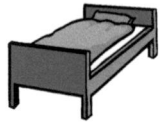

кревет

cama

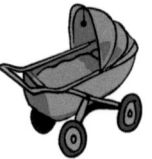

дјечија колица

carrinho de bebé

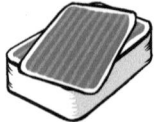

игра са картама

jogo de cartas

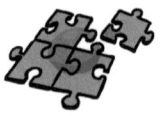

слагалица

quebra-cabeças

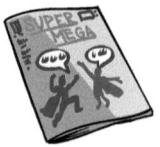

стрип

banda desenhada

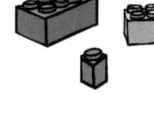

лего коцкице

peças de Lego

коцкице за слагање

blocos de construção

акциони јунак

figura de ação

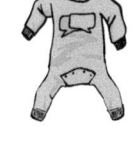

бенкица за бебе

fato de bebé

фризби

Frisbee

висеће играчке

móbile para bebé

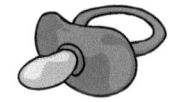

друштвене игре

jogo de tabuleiro

коцка

dados

минијатурна жељезница

pista de comboio elétrico

дуда

chupeta

забава

festa

сликовница

livro ilustrado

лопта

bola

лутка

boneca

играти

jogar

пешчаник

caixa de areia

љуљачка

baloiço

играчка

brinquedos

конзола за игре

consola de jogos

трицикл

triciclo

теди

ursinho de peluche

ормар

guarda-roupa

одећа

vestuário

кратке чарапе

meias

чарапе

meias pelo joelho

хулахопке

meias-calças

шал
cachecol

каиш
cinto

кишобран
guarda-chuva

мајица
t-shirt

чизме
botas

папуче
chinelos

патике
sapatilhas

сандале
....
sandálias

ципеле
....
sapatos

гумене чизме
....
botas de borracha

гаћице
....
cuecas

грудњак
....
sutiã

поткошуља
....
camisola interior

одећа - vestuário

боди

body

панталоне

calças

фармерке

calças de ganga

сукња

saia

блуза

blusa

кошуља

camisa

џемпер

pulôver

џемпер с капуљачом

camisola com capuz

сако

blazer

јакна

casaco

мантил

manto

кабаница

gabardina

костим

traje

хаљина

vestido

венчаница

vestido de casamento

одело

fato

спаваћица

camisa de dormir

пиџама

pijama

сари

sari

марама за главу

lenço de cabeça

турбан

turbante

бурка

burca

кафтан

cafetã

абаја

abaya

купаћи костим

fato de banho

купаће гаћице

calções de banho

кратке панталоне

calções

одећа за тренинг

fato de treino

кецеља

avental

рукавице

luvas

дугме

botão

наочаре

óculos

наруквица

pulseira

огрлица

colar

прстен

anel

наушница

brinco

капа

boné

вешалица

cabide

шешир

chapéu

кравата

gravata

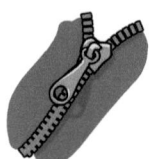

патент затварач

fecho de correr

кацига

capacete

нараменице

suspensórios

школска униформа

uniforme escolar

униформа

uniforme

подбрадак

babete

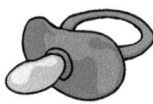

дуда

chupeta

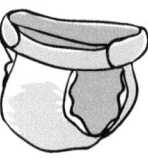

пелена

fralda

канцеларија
escritório

сервер
servidor

ормар за списе
armário de arquivo

штампач
impressora

монитор
ecrã

папир
papel

миш
rato

писаћи стол
secretária

мапа
pasta

тастатура
teclado

кошара за папир
cesto de lixo

столица
cadeira

компјутер
computador

шалица за каву

caneca de café

калкулатор

calculadora

интернет

internet

лаптоп

computador portátil

писмо

carta

порука

mensagem

мобилни телефон

telemóvel

мрежа

rede

уређај за копирање

fotocopiadora

софтвер

software

телефон

telefone

утичница

tomada elétrica

факс

fax

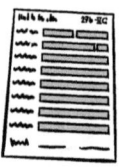

формулар

formulário

документ

documento

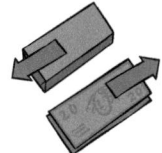

куповати
comprar

платити
pagar

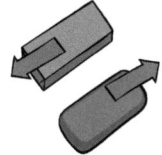

трговати
negociar

новац
dinheiro

долар
dólar

евро
euro

јен
yen

рубља
rublo

швајцарски франак
franco suíço

ренминдби јуан
renminbi yuan

рупија
rupia

аутомат за новац
caixa de multibanco

мењачница

casa de câmbio

злато

ouro

сребро

prata

нафта

petróleo

енергија

energia

цена

preço

уговор

contrato

порез

imposto

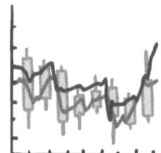

деонице

ação

радити

trabalhar

службеник

empregado

послодавац

entidade patronal

фабрика

fábrica

продавница

loja

занимања
profissões

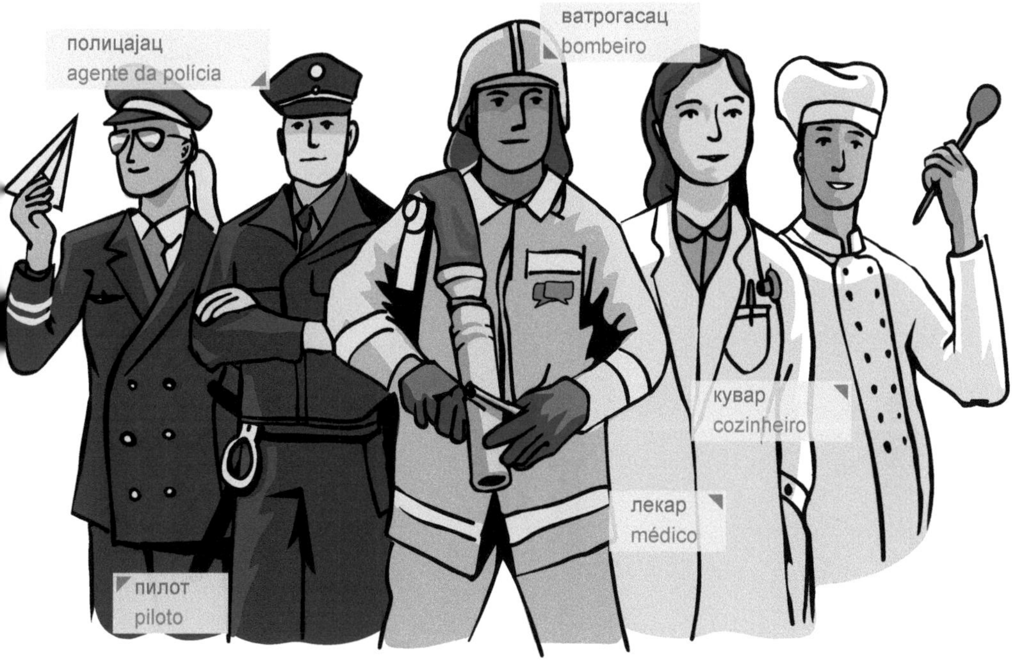

полицајац
agente da polícia
ватрогасац
bombeiro
кувар
cozinheiro
лекар
médico
пилот
piloto

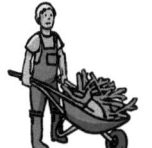

вртлар
jardineiro

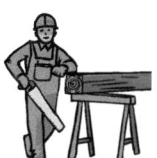

столар
carpinteiro

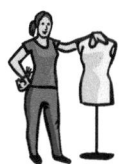

кројачица
costureira

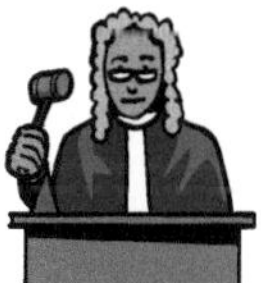

судија
juiz

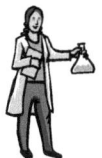

хемичар
químico

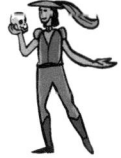

глумац
ator

возач аутобуса

motorista de autocarro

возач таксија

motorista de táxi

рибар

pescador

чистачица

empregada de limpeza

кровопокривач

telhador

конобар

empregado de mesa

ловац

caçador

сликар

pintor

пекар

padeiro

електричар

eletricista

грађевински радник

construtor

инжењер

engenheiro

месар

talhante

лимар

canalizador

поштар

carteiro

војник

soldado

архитекта

arquiteto

благајник

caixa

цвећар

florista

фризер

cabeleireiro

кондуктер

controlador de bilhetes

механичар

mecânico

капетан

capitão

зубар

dentista

научник

cientista

раби

rabino

имам

imã

монах

monge

свећеник

pastor

занимања - profissões

алати
ferramentas

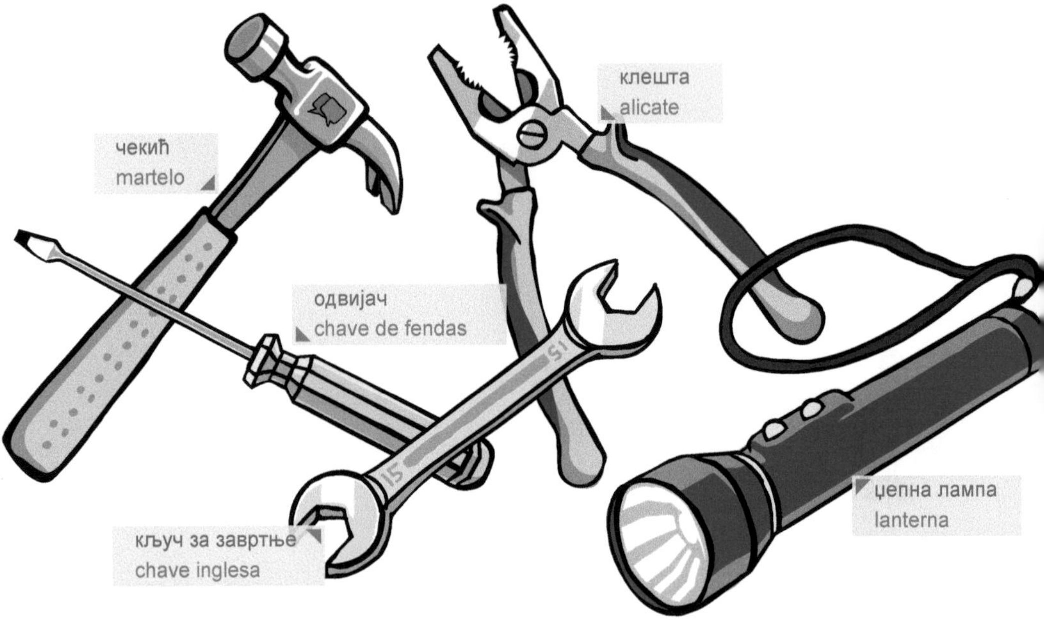
чекић
martelo
клешта
alicate
одвијач
chave de fendas
кључ за завртње
chave inglesa
џепна лампа
lanterna

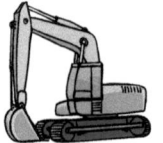

багер

escavadora

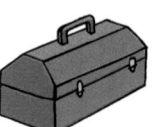

кутија за алат

caixa de ferramentas

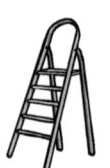

мердевине

escadote

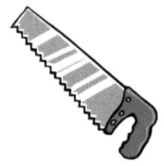

пила

serra

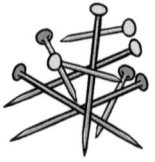

ексер

pregos

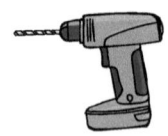

бушилица

broca

поправити

reparar

лопата

pá

до ђавола!

porcaria!

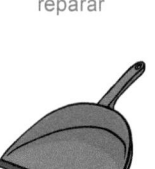

лопатица

pá de lixo

лонац за бoју

pote de tinta

завртањи

parafusos

музички инструмент
instrumentos musicais

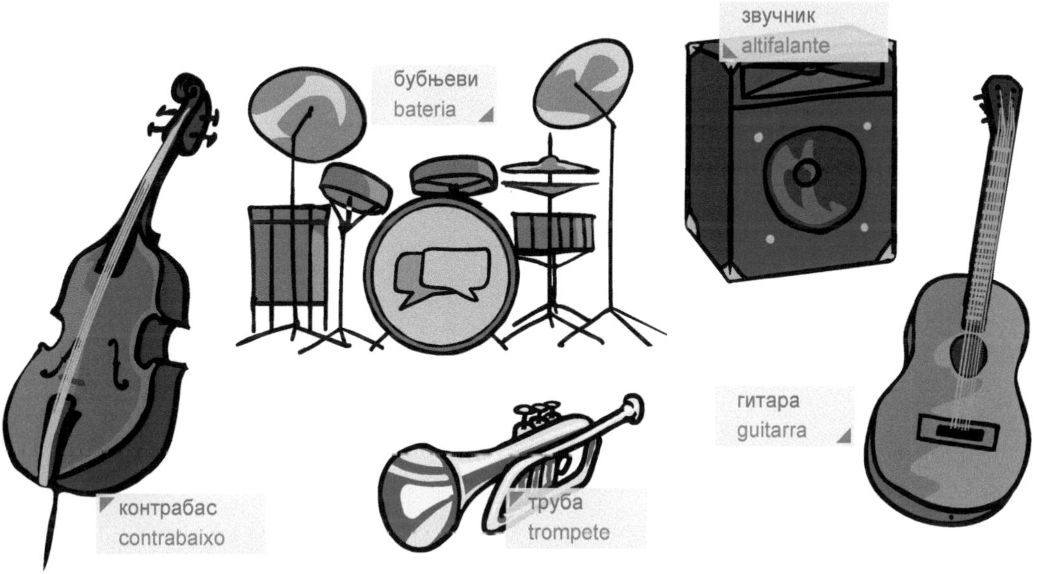

звучник
altifalante

бубњеви
bateria

гитара
guitarra

контрабас
contrabaixo

труба
trompete

клавир

piano

виолина

violino

бас

baixo

тимпани

timbales

удараљке за бубњеве

tambor

типке клавира

teclado

саксофон

saxofone

флаута

flauta

микрофон

microfone

зоолошки врт
jardim zoológico

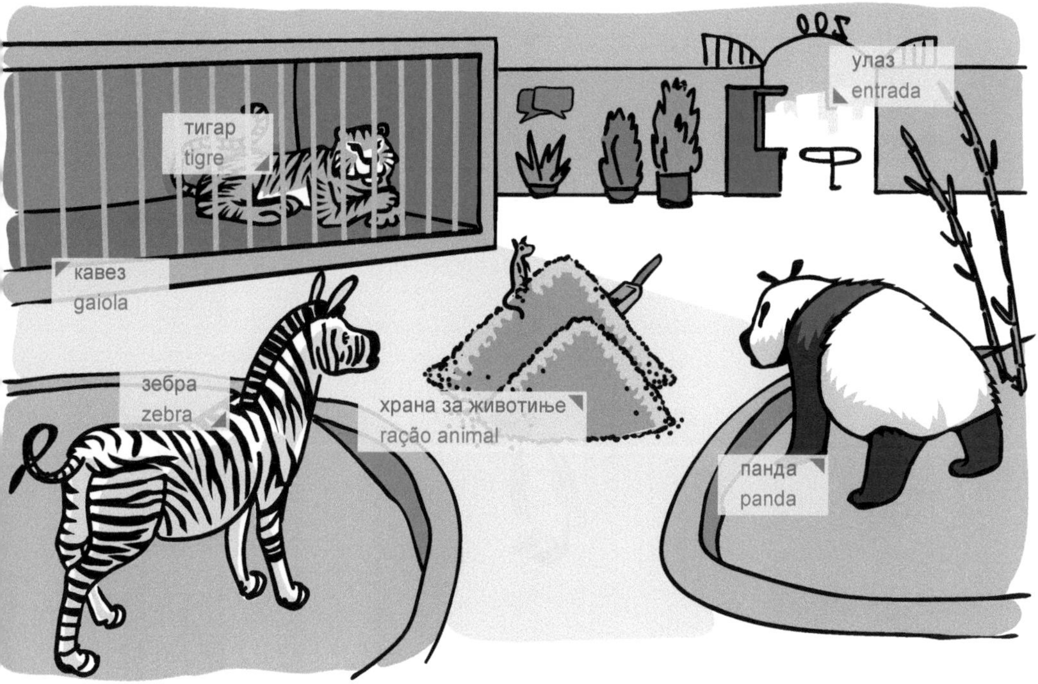
тигар
tigre
улаз
entrada
кавез
gaiola
зебра
zebra
храна за животиње
ração animal
панда
panda

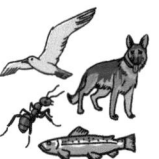

животиње

animais

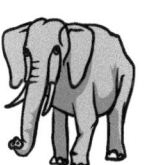

слон

elefante

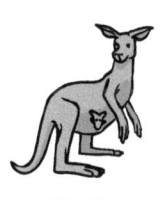

кенгур

canguru

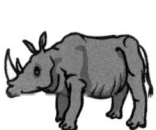

носорог

rinoceronte

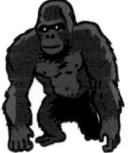

горила

gorila

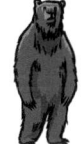

медвед

urso

камила

camelo

нoj

avestruz

лав

leão

мajмун

macaco

фламинго

flamingo

папагај

papagaio

поларни медвед

urso polar

пингвин

pinguim

ajкула

tubarão

паун

pavão

змија

cobra

крокодил

crocodilo

чувар у зоолошком врту

guarda do jardim zoológico

туљан

foca

jaгуар

jaguar

пони

pónei

леопард

leopardo

нилски коњ

hipopótamo

жирафа

girafa

орао

águia

дивља свиња

javali

риба

peixe

корњача

tartaruga

морж

morsa

лисица

raposa

газела

gazela

амерички ногомет
futebol americano

бициклизам
ciclismo

тенис
ténis

кошарка
basquetebol

пливање
natação

бокс
boxe

хокеј на леду
hóquei no gelo

фудбал
futebol

бадминтон
badminton

атлетика
atletismo

рукомет
andebol

скијање
esqui

поло
polo

скочити
saltar

смејати се
rir

загрлити
abraçar

ићи
andar

певати
cantar

сањати
sonhar

молити се
rezar

пољубити
beijar

писати
escrever

цртати
desenhar

показати
mostrar

гурати
empurrar

дати
dar

узети
tomar

имати

ter

чинити

fazer

бити

ser

стојати

ficar de pé

трчати

correr

повлачити

puxar

бацити

remessar

падати

cair

лежати

deitar

чекати

esperar

носити

carregar

седити

sentar

облачити

vestir

спавати

dormir

пробудити се

acordar

гледати

olhar para

плакати

chorar

миловати

acariciar

чешљати

pentear

говорити

falar

разумети

compreender

питати

perguntar

слушати

ouvir

пити

beber

јести

comer

поспремити

arrumar

волети

amar

кухати

cozinhar

возити

conduzir

летети

voar

пловити

velejar

рачунати

calcular

читати

ler

учити

aprender

радити

trabalhar

венчати се

casar

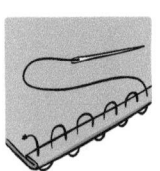

шити

costurar

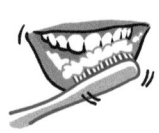

прати зубе

escovar os dentes

убити

matar

пушити

fumar

послати

enviar

породица
família

- бака / avô
- деда / avô
- отац / pai
- мајка / mãe
- беба / bebé
- кћерка / filha
- син / filho

гост
convidado

тетка
tia

ујак, стриц
tio

брат
irmão

сестра
irmã

тело

corpo

чело
testa
око
olho
раме
ombro
прст
dedo
лице
cara
брада
queixo
рука
mão
нога
perna
груди
peito
рука
braço

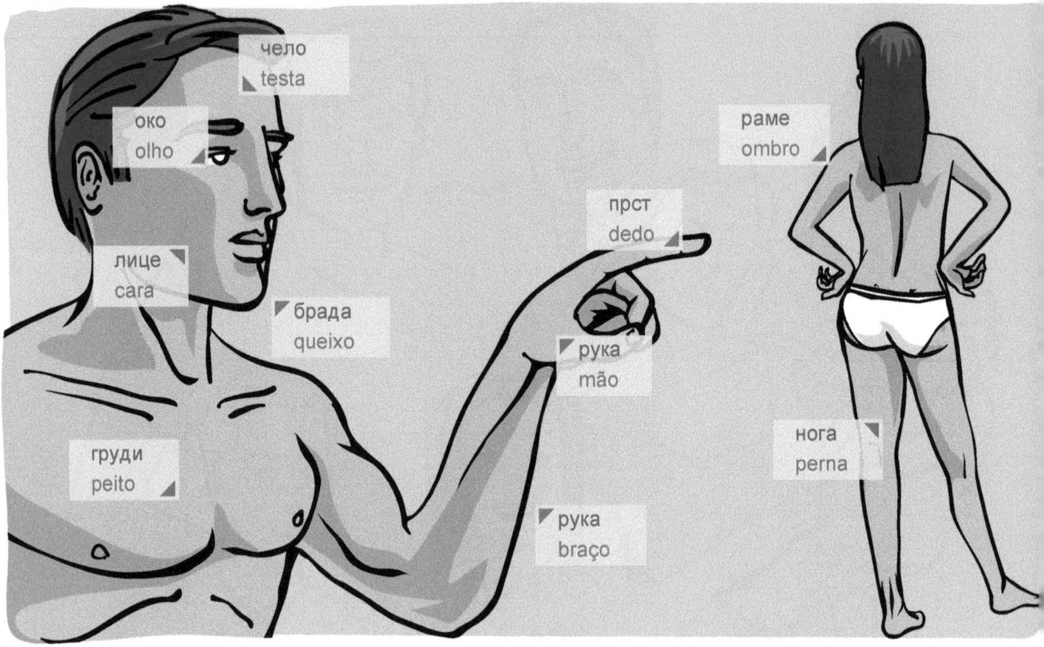

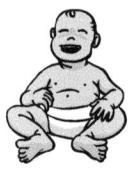

беба

bebé

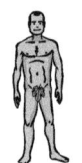

мушкарац

homem

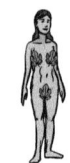

жена

mulher

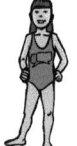

девојчица

menina

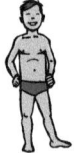

дечак

menino

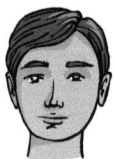

глава

cabeça

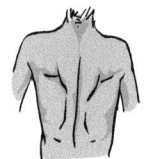

леђа
costas

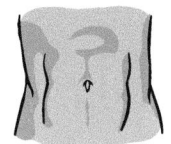

стомак
barriga

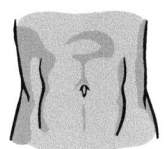

пупак
umbigo

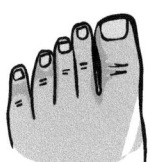

ножни прст
dedo do pé

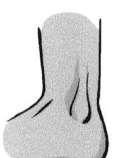

пета
calcanhar

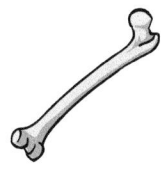

кост
osso

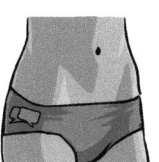

кукови
anca

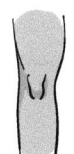

колено
joelho

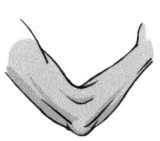

лакат
cotovelo

нос
nariz

задњица
nádegas

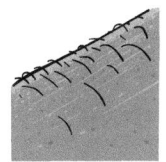

кожа
pele

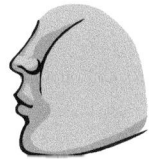

образ
bochecha

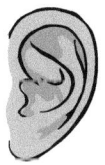

уво
orelha

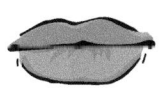

усна
lábio

уста

boca

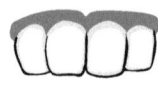

зуб

dente

језик

língua

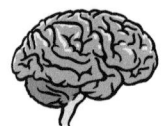

мозак

cérebro

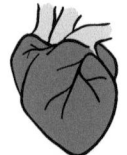

срце

coração

мишић

músculo

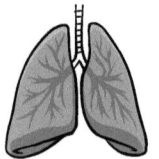

плућа

pulmão

јетра

fígado

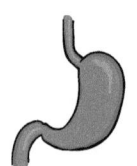

желудац

estômago

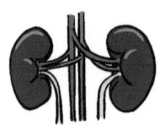

бубрези

rins

полни однос

relações sexuais

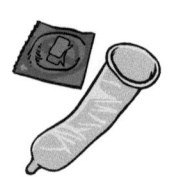

кондом

preservativo

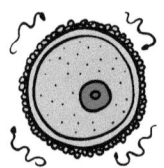

јајна ћелија

óvulo

сперма

esperma

трудноћа

gravidez

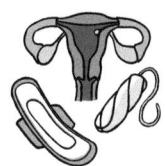

менструација

menstruação

вагина

vagina

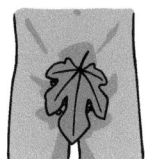

пенис

pénis

обрва

sobrancelha

коса

cabelo

врат

pescoço

болница
hospital

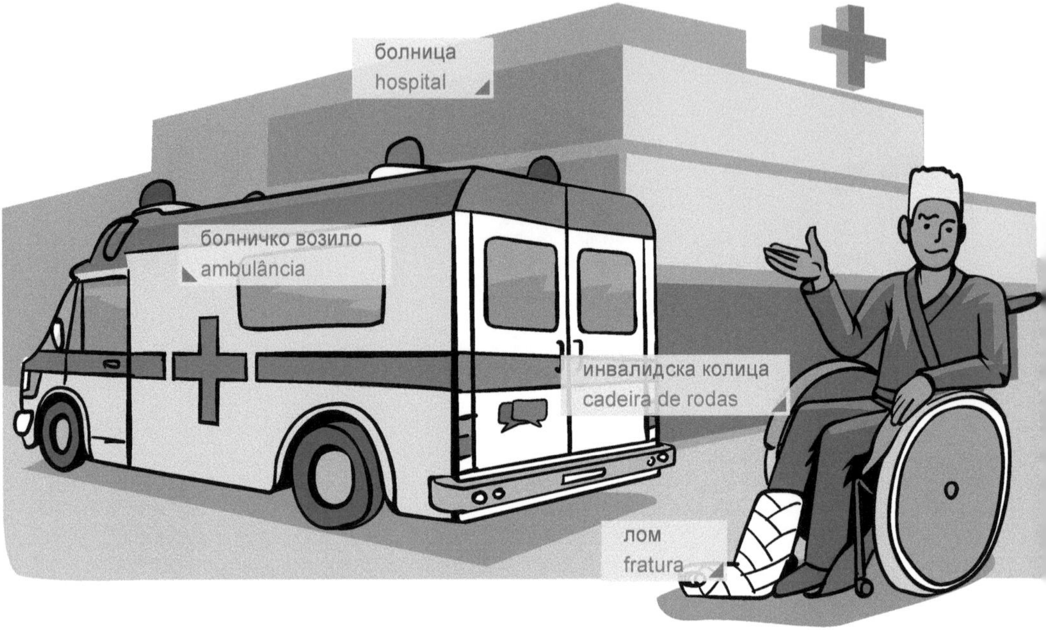

болница
hospital
болничко возило
ambulância
инвалидска колица
cadeira de rodas
лом
fratura

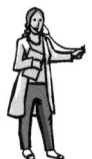

лекар

médico

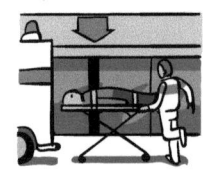

хитна медицинска служба

serviço de urgências

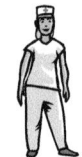

медицинска сестра

enfermeira

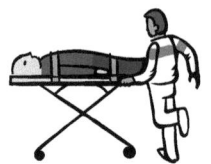

хитни случај

emergência

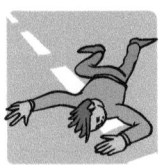

несвест

inconsciente

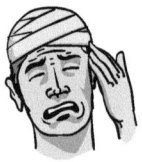

бол

dor

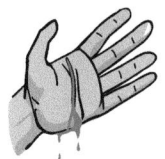

повреда

ferimento

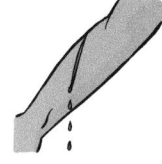

крварење

hemorragia

срчани удар

ataque cardíaco

удар

acidente vascular cerebral

алергија

alergia

кашаљ

tosse

грозница

febre

грипа

gripe

пролив

diarreia

главобоља

dor de cabeça

рак

cancro

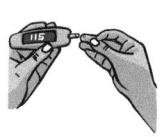

дијабетес

diabetes

хирург

cirurgião

скалпел

bisturi

операција

operação

цт
CT

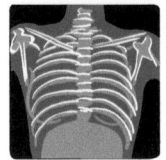

рентген
raio x

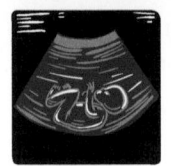

ултразвук
ultrassom

маска
máscara

болест
doença

чекаона
sala de espera

штака
muleta

фластер
penso rápido

завој
ligadura

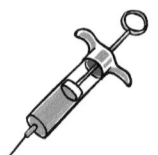

ињекција
injeção

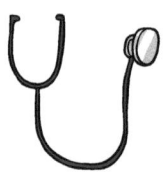

стетоскоп
estetoscópio

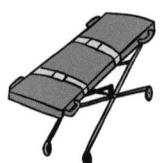

носила
maca

термометар
termómetro

рођење
nascimento

прекомерна тежина
excesso de peso

слушни апарат

aparelho auditivo

средство за дезинфекцију

desinfetante

инфекција

infeção

вирус

vírus

хив / аидс

HIV / SIDA

медицина

medicamento

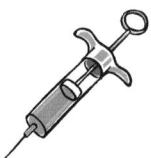

вакцинација

vacinação

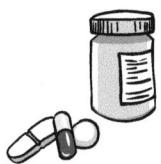

таблете

comprimidos

пилула

pílula

хитни позив

chamada de emergência

уређај за мерење притиска

dispositivo de medição de pressão arterial

болесно / здраво

doente / saudável

болница - hospital

помоћ!

Socorro!

аларм

alarme

насртај

assalto

напад

ataque

опасност

perigo

излаз у случају нужде

saída de emergência

пожар!

Fogo!

противпожарни апарат

extintor de incêndios

незгода

acidente

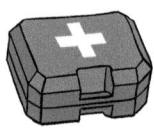

кутија прве помоћи

estojo de primeiros socorros

сос

SOS

полиција

polícia

Европа

Europa

Северна Америка

América do Norte

Јужна Америка

América do Sul

Африка

África

Азија

Ásia

Аустралија

Austrália

Атлантик

Atlântico

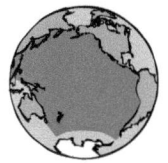

Пацифик

Pacífico

Индијски океан

Oceano Índico

Антарктички океан

Oceano Antártico

Арктички океан

Oceano Ártico

Северни рол

Polo Norte

Јужни рол

Polo Sul

Антарктик

Antártica

земља

terra

земља

país

море

mar

оток

ilha

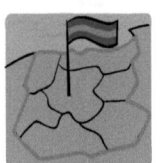

нација

nação

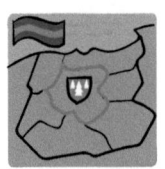

држава

estado

бројчаник сата

mostrador do relógio

сатна казаљка

ponteiro das horas

минутна казаљка

ponteiro dos minutos

секундна казаљка

ponteiro dos segundos

Колико је сати?

Que horas são?

дан

dia

време

tempo

сада

agora

дигитални сат

relógio digital

минута

minuto

час

hora

седмица
semana

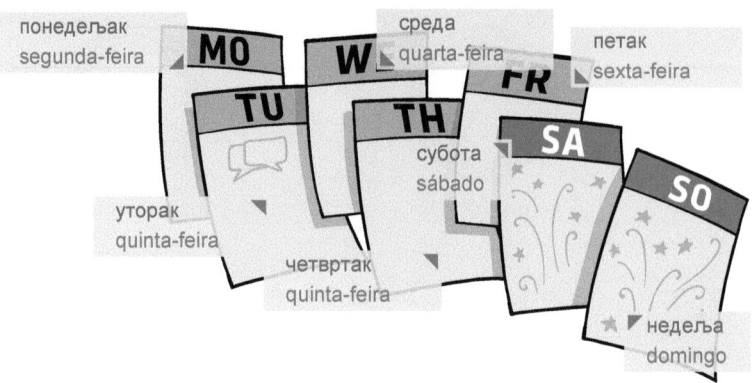

понедељак
segunda-feira

среда
quarta-feira

петак
sexta-feira

уторак
quinta-feira

четвртак
quinta-feira

субота
sábado

недеља
domingo

јуче

ontem

данас

hoje

сутра

amanhã

јутро

manhã

подне

meio-dia

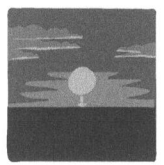

вече

entardecer

радни дани

dias úteis

викенд

fim de semana

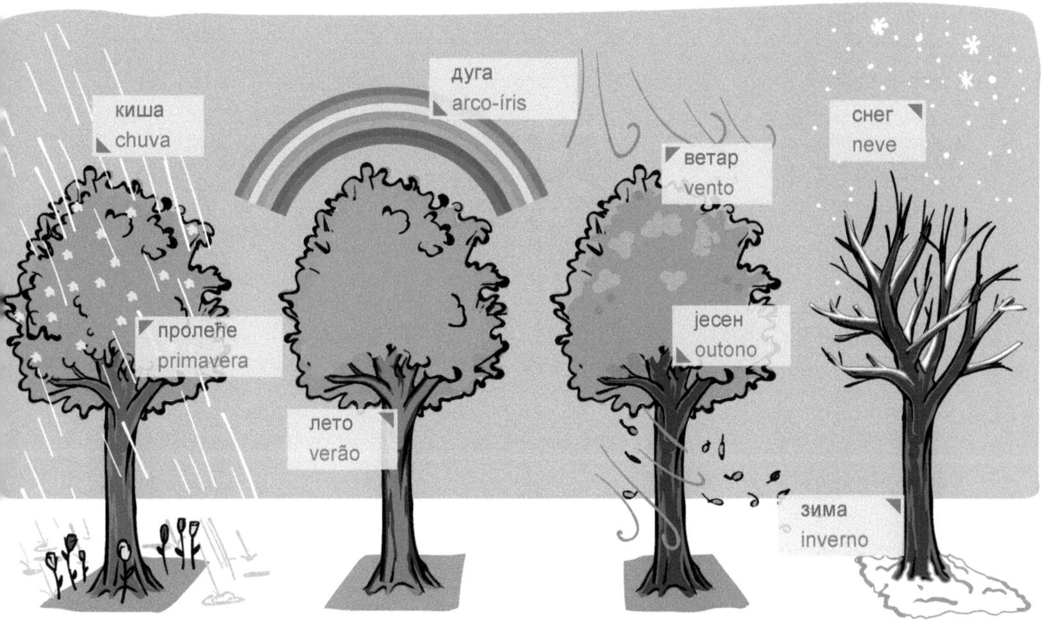

киша
chuva
дуга
arco-íris
ветар
vento
снег
neve
пролеће
primavera
лето
verão
јесен
outono
зима
inverno

4.APRIL 11°
5.APRIL 4°
6.APRIL 13°
7.APRIL 8°
8.APRIL 10°

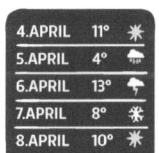

метеоролошка прогноза

previsão do tempo

F
C
120
90
60
30
0
-30
40
30
20
10
0
-10
-20

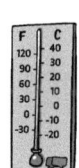

термометар

termómetro

сунчана светлост

raios de sol

облак

nuvem

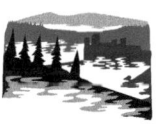

магла

neblina / nevoeiro

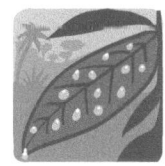

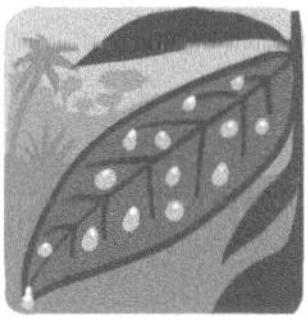

влажност ваздуха

humidade do ar

муња

relâmpago

грмљавина

trovão

олуја

tempestade

туча

granizo

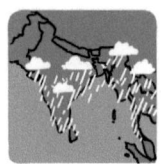

монсун

monção

поплава

inundação

лед

gelo

јануар

janeiro

фебруар

fevereiro

март

março

април

abril

мај

maio

јуни

junho

јули

julho

август

agosto

септембар
....
setembro

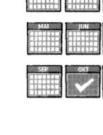

октобар
....
outubro

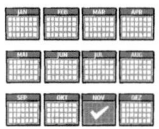

новембар
....
novembro

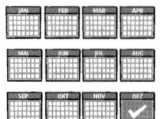

децембар
....
dezembro

круг
....
círculo

квадрат
....
quadrado

правоугао
....
retângulo

троугао
....
triângulo

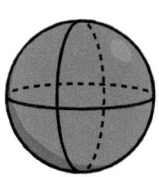

кугла
....
esfera

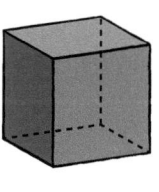

коцка
....
cubo

бела
....
branco

жута
....
amarelo

наранџаста
....
laranja

ружичаста
....
rosa

црвена
....
vermelho

љубичаста
....
lilás

плава
....
azul

зелена
....
verde

смеђа
....
castanho

сива
....
cinzento

црна
....
preto

много / мало

muito / pouco

љутито / мирно

furioso / calmo

лепо / ружно

lindo / feio

почетак / крај

princípio / fim

велико / малено

grande / pequeno

светло / тамно

claro / escuro

брат / сестра

irmão / irmã

чисто / прљаво

limpo / sujo

потпуно / непотпуно

completo / incompleto

дан / ноћ

dia / noite

мртво / живо

morto / vivo

широко / уско

largo / estreito

јестиво / нејестиво

comestível / não comestível

зло / добро

mau / gentil

узбуђено / досадно

entusiasmado / entediado

дебело / мршаво

gordo / magro

на почетку / на крају

primeiro / último

пријатељ / непријатељ

amigo / inimigo

пуно / празно

cheio / vazio

тврдо / мекано

duro / macio

тешко / лагано

pesado / leve

глад / жеђ

fome / sede

болесно / здраво

doente / saudável

илегално / легално

ilegal / legal

паметно / глупо

inteligente / burro

лево / десно

esquerda / direita

близу / далеко

perto / longe

ново / половно

novo / usado

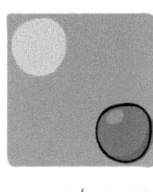

ништа / нешто

nada / algo

старо / младо

velho / jovem

укључено / искључено

ligado / desligado

отворено / затворено

aberto / fechado

тихо / гласно

baixo / alto

богато / сиромашно

rico / pobre

тачно / погрешно

certo / errado

храпаво / глатко

áspero / liso

тужно / сретно

triste / feliz

кратко / дуго

curto / longo

полако / брзо

lento / rápido

мокро / сухо

molhado / seco

топло / хладно

ameno / fresco

рат / мир

guerra / paz

0

нула

zero

1

један

um

2

два

dois

3

три

três

4

четири

quatro

5

пет

cinco

6

шест

seis

7

седам

sete

8

осам

oito

9

девет

nove

10

десет

dez

11

једанаест

onze

12

дванаест

doze

13

тринаест

treze

14

четрнаест

catorze

15

петнаест

quinze

16

шестнаест

dezasseis

17

седамнаест

dezassete

18

осамнаест

dezoito

19

деветнаест

dezanove

20

двадесет

vinte

100

стотину

cem

1.000

хиљаду

mil

1.000.000

милион

milhão

енглески

inglês

амерички енглески

inglês americano

мандарински кинески

chinês mandarim

хиндски

hindi

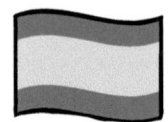

шпански

espanhol

француски

francês

арапски

árabe

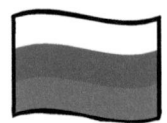

руски

russo

португалски

português

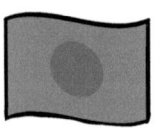

бенгалски

bengalês

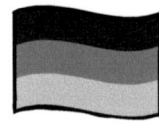

немачки

alemão

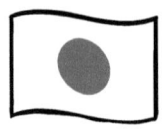

јапански

japonês

ja
eu

ти
tu

он / она / оно
ele / ela

ми
nós

ви
vós

они
eles / elas

Ко?
quem?

Шта?
o quê?

Како?
como?

Где?
onde?

Када?
quando?

име
nome

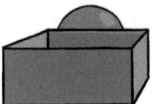

иза

atrás

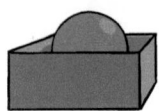

у

em

испред

à frente de

преко

sobre

на

em cima

испод

debaixo

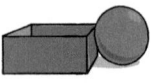

поред

ao lado

између

entre

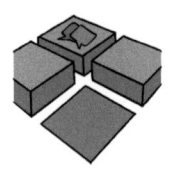

место

lugar